Bibliografische Information der Deutschen Nationalbibliothek:

Die Deutsche Bibliothek verzeichnet diese Publikation in der Deutschen National-
bibliografie; detaillierte bibliografische Daten sind im Internet über http://dnb.d-
nb.de/ abrufbar.

Impressum:

Copyright © GRIN Verlag
Druck und Bindung: Books on Demand GmbH, Norderstedt Germany
ISBN: 9783346215956

Dieses Buch bei GRIN:

https://www.grin.com/document/542643

Anonym

Gesundheits- und Fitnessdienstleistungen. Ein Überblick über Entwicklungen auf dem Markt

GRIN Verlag

GRIN - Your knowledge has value

Der GRIN Verlag publiziert seit 1998 wissenschaftliche Arbeiten von Studenten, Hochschullehrern und anderen Akademikern als eBook und gedrucktes Buch. Die Verlagswebsite www.grin.com ist die ideale Plattform zur Veröffentlichung von Hausarbeiten, Abschlussarbeiten, wissenschaftlichen Aufsätzen, Dissertationen und Fachbüchern.

Besuchen Sie uns im Internet:

http://www.grin.com/

http://www.facebook.com/grincom

http://www.twitter.com/grin_com

Deutsche Hochschule für

Prävention und Gesundheitsmanagement

Hermann Neuberger Sportschule 3

66123 Saarbrücken

Einsendeaufgabe

Fachmodul: Marketing und Vertrieb 1

Studiengang: Master of Arts Prävention und Gesundheitsmanagement

Datum
Präsenzphase:

Matrikelnummer:

Name, Vorname:

Studienort:

Semester:

Inhaltsverzeichnis

1. Marktformen

1.1. Polypol

Das Polypol beschreibt eine häufige Marktform in der Volkswirtschaft und ist durch viele Anbieter als auch Nachfrager charakterisiert (Gabler, Wirtschaftslexikon, 2018). Die Marktmechanismen bilden den Preis und nicht die einzelnen Marktteilnehmer. Die Anbieter stehen in Konkurrenz zueinander, weil die Nachfrager die Auswahl zwischen den Anbietern haben. Am Beispiel des demographischen Wandels für die Nachfrage an Fitness und Präventionsdienstleistungen für ältere Menschen wird die Preisbildung im Polypol genauer erläutert.

Laut dem Statistischen Bundesamt ist seit 1991 ein enormer Anstieg der älteren Personen in Deutschland mit steigernder Lebenserwartung festzustellen.

Die Zahl älterer Menschen steigt, hinzukommt das durch den wachsenden Fitnesstrend (Deloitte Studie, 2018), Ältere ebenfalls mehr in ihre Fitness und Gesundheit investieren wollen, daraus folgt ein Anstieg in der Nachfragekurve. Die hohe Nachfrage an Fitnessunternehmen lassen die Preise steigen, zeitgleich treten mehr Anbieter mit der Leistung „Fitness und Präventionsdienstleistungen für Ältere" in den Markt ein, weil es Aussicht auf Gewinn gibt. Die Angebotskurve steigt ebenfalls und solange der Anfangspreis nicht erreicht ist werden weitere Unternehmen in den Markt eintreten. Erst wenn der Anfangspreis erreicht ist, sinkt der Preis wieder, weil die Unternehmen versuchen über den günstigeren Preis andere Anbieter auszustechen.

1.2. Kurzfristige Änderungen für einzelne Unternehmen

In der Abbildung sieht man den Anstieg der Nachfrage an Gesundheitsdienstleistungen der älteren Menschen von D1 auf D2 . Zeitgleich steigt der Preis kurzfristig von P1 auf P2. Das Unternehmen reagiert auf die erhöhte Nachfrage in Form von mehr Angebot und erhöht die Menge an bspw. Mitarbeitern, Produkten, Kursen etc.

Der Gewinn des Unternehmens steigt.

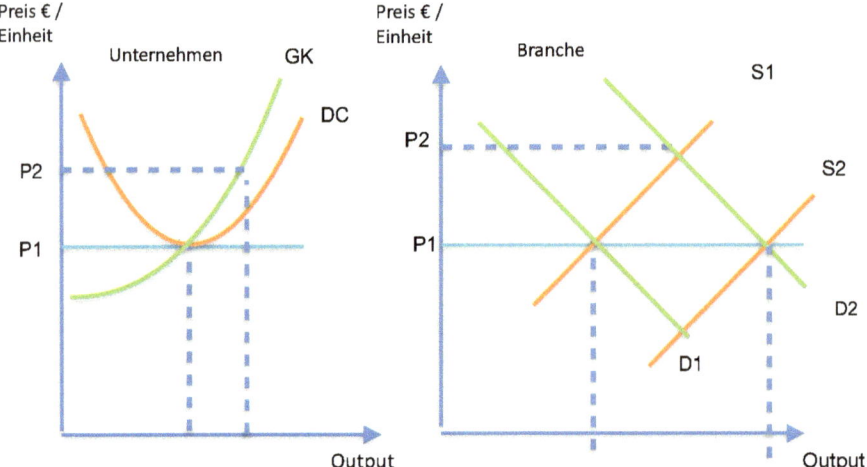

Abb. 1: kurzfristige Änderung der Preisbildung und Gewinn (eigene Darstellung, modifiziert nach Pindyck & Rubinfeld, 2005, S.388)

1.3 Kurzfristige und langfristige Effekte

Die Gütermenge, die zu einem bestimmten Preis produziert wird, wird durch die Angebotsfunktion eines Unternehmens beschrieben. In der Regel werden solange Güter produziert bis der Preis den Grenzkosten gleicht. Man unterscheidet zwischen kurzfristiger und langfristiger Angebotskurve. Es ist möglich mit modifizierten Arbeitseinsatz, die Gütermenge an veränderte Preise anzupassen. Allerdings wird sich eine optimale Anpassung aller Produktionsfaktoren schwierig gestalten, weil sich auch die Preise der Produktionskosten verändern. Die Unternehmen investieren demnach kurzfristig mehr in die Produktionskosten. Die langfristige Angebotskurve steht in Abhängigkeit mit den investierten Produktionskosten, sowie den Steigerungen und Senkungen des Branchenoutputs, und wie stark diese den Preise beeinflussen. Steigt der Marktpreis und die Produktion muss langfristig mit höheren Grenzkosten gerechnet werden, demnach muss der Kapitaleinsatz angepasst werden, sowie das Kostenausmaß verringert werden. Die kurzfristige Marktangebotskurve lässt sich durch Addition der Angebotskurven, der einzelnen Unternehmen ermitteln. Die langfristige Marktangebotskurve lässt sich nicht ermitteln, da Unternehmen in den Markt ein und wieder austreten, sobald sich der Marktpreis ändert (Pindyck & Rubinfeld, 2009, S.393).

Es wird zwischen kurzfristiger und langfristiger Maximierung von Gewinn unterschieden. Bei der kurzfristigen Gewinnmaximierung gibt es konstante und variable Faktoren. Die Kapitalmenge ist ein konstanter Faktor und die Produktionsfaktoren, wie beispielsweise Mitarbeiter und Produktionsmenge, zählen zu den variablen Faktoren, welche angepasst werden müssen, sodass ein Gewinn generiert wird.

Die langfristige Gewinnmaximierung hingegen strebt danach, dass die langfristigen Grenzkosten gleich dem Preis sind. Je höher der Marktpreis, umso höher ist auch der Gewinn (Pindyck & Rubinfeld, 2013, S. 411). Die erhöhte Nachfrage von älteren Menschen an Fitness und Präventionsdienstleistungen führt zu einem kurzfristigen Anstieg des Preises. Ebenfalls steigt der Preis für sämtliche Produktionfaktoren, weil qualifizierte Mitarbeiter, Geräte, Fläche etc, benötigt werden. Es resultiert ein Anstieg der Angebotskurve und es treten weitere Unternehmen in den Markt ein, welches die Marktangebotskurve ebenfalls ansteigen lässt.

Der Preis der Unternehmen wird langfristig wieder sinken, da die Unternehmen Wettbewerbsfähig bleiben wollen und eine hohe Konkurrenz am Markt ist. Die Unternehmen, die sich nicht etablieren seinen aus dem Markt wieder aus.

1.4. Langfristige Marktanpassung

Aufgrund der steigenden Nachfrage nach Gesundheits- und Fitnessdienstleistungen muss sich der Markt langfristig anpassen. Es treten mehr Unternehmen in den Markt ein und für den Arbeitsmarkt bedeutet, dass die Nachfrage nach Fitnessfachkräften steigt und ein Mangel an qualifizierten Mitarbeitern entsteht.

2. Preis- und Nachfrageelastizität

2.1. Monopolistische Konkurrenz

Unter der Marktform der monopolistischen Konkurrenz versteht man eine Vielzahl von Anbietern, die auf einen unvollkommenen Markt um ihre Nachfrager konkurrieren. Der Nachfrager hat gewisse Präferenzen bei den Produkten. Durch die Produktdifferenzen nimmt der Anbieter eine monopolistische Stellung auf dem Markt ein. Die angebotenen Produkte sind zwar nicht homogen, aber dennoch ähnlich. Durch die vielen Anbieter auf dem Markt herrscht keine große Konkurrenz, demnach haben die Anbieter auch nur einen begrenzten Spielraum bei der Preisbildung. Unter der Preisbildung wird nach Piekenbrock (2018) „eine Kennziffer, die das Verhältnis der relativen Nachfrageveränderung eines Gutes und der sie auslösenden relativen Veränderung desselben Preises misst" verstanden. Nimmt ein Unternehmen eine erhebliche Preissenkungen seiner Produkte im Vergleiche zu anderen Anbietern vor, so wird die Nachfrage für dieses Produkt steigen. Die Nachfrage wird als elastisch deklariert. Umgekehrt wird bei erheblichen Anstieg des Preises die Nachfrage sinken, und die Konsumenten wechseln mit hoher Wahrscheinlichkeit zu anderen Anbietern mit einem günstigeren Preis.

2.2. Werbung in der monopolistischen Konkurrenz

In der Abbildung 2 wird deutlich wie bedeutsam die Werbung für die monopolistische Konkurrenz ist. Mithilfe von Werbemaßnahmen wird dargestellt, dass die bisherige Menge zu einem höheren Preis von P1 auf P3 verkauft werden kann. Demnach nimmt der Umsatz, um die ursprüngliche Absatzmenge zu (Q1) mal die Preisänderung (P3-P1) zu. Die erhöhte Absatzmenge erkennt man daran, dass die Nachfragekurve und die Grenzerlöskurve sich nach oben verschieben. Die Fläche EFG kennzeichnet den Gewinn. Der Nettozuwachs ergibt sich aus der Fläche ABCD mit der Fläche EFG minus der Werbekosten. (Stiglitz & Walsh, 2010, S.402).

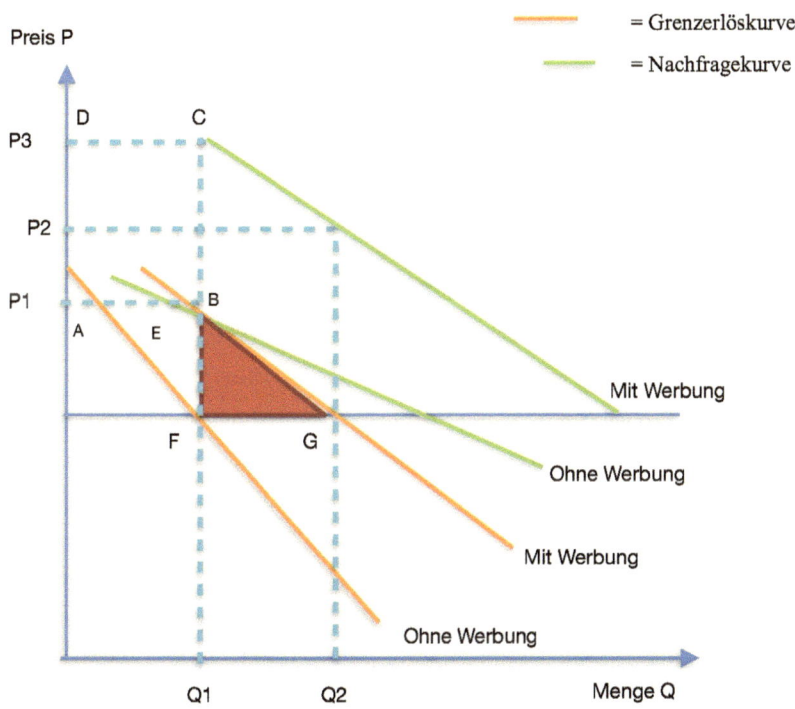

Abb. 2: Einfluss der Werbung auf die Nachfragekurve (eigene Darstellung modifiziert nach Stiglitz & Walsh, 2010, S.402)

3. Asymmetrische Informationen und Märkte

3.1. Asymmetrische Informationen

Das Kernproblem der Asymmetrischen Informationen besteht darin, dass der Käufer in der Regel nicht die gleichen Informationen über ein Produkt/Dienstleistung zum Zeitpunkt des Kaufes hat wie der Verkäufer. Als ein Beispiel zu nennen ist eine Jahresmitgliedschaft in einem Fitnessstudio, der Mitarbeiter des Fitnessstudios wird das Studio mit einer guten Betreuung durch qualifizierte Trainer, messbaren Erfolg, Ernährungsberatungen und regelmäßigen Trainingsplanänderungen davon überzeugen wollen, dass eine Jahresmitgliedschaft sehr sinnig für den Kunden ist. Allerdings kann sich der Kunde erst im Laufe der Zeit ein wirklichen Eindruck von einer guten Trainingsbetreuung und sichtbaren Erfolg machen können. Bei Abschluss der Mitgliedschaft weiß der Kunde nicht, ob die Trainer und das Fitnessstudio eine gute Dienstleistung erbringen, wie der Verkäufer es vermitteln möchte. („adverse selection")

Asymmetrische, unvollständige Informationen sind häufige Ursache für die Entstehung des Marktversagens, weil der Käufer Schwierigkeiten hat die Qualität des Produkts bewerten zu können, sinkt seine Bereitschaft viel für das Produkt zu investieren.

Auf dem Markt herrscht nun das Problem, dass eine sehr hohe Menge von qualitativ schlechten Produkten verkauft werden und hochwertige Produkte nicht mehr die Chance bekommen sich zu etablieren.

In dem Artikel "The Market for 'Lemons': Quality Uncertainty and the Market Mechanism" von Akerlof (1970) beschreibt er wie aufgrund von asymmetrischen Informationen ein Marktversagen entstehen kann. Am Beispiel eines Geräteherstellers und einem Fitnessstudiobetrieb soll das Market for Lemon Problem genauer erläutert werden.

Der Hersteller möchte sein Produkt, einen hochwertiger Crosstrainer, auf dem Markt etablieren und legt dafür einen Preis, dem der Qualität entspricht fest.

Der Fitnessstudiobetreiber orientiert sich allerdings am Durchschnittswert der Zahlungsbereitschaft für Crosstrainer und stellt fest, dass das neue Gerät deutlich über dem Preis liegt.

Der Käufer hat nicht die Erfahrungswerte und nicht die gleiche informationen wie der Verkäufer. Der Käufer weiß quasi nicht wie hochwertig, dass Produkt tatsächlich ist. Der Käufer kauft woanders und.daraus resultiert, dass der Hersteller seine Produkte nicht verkaufen kann und keine Chance bekommt sich auf dem Markt zu etablieren. Folglich sinkt der Preis für Crosstrainer immer weiter nach unten, und die Qualität nimmt ab ("Lemon").

3.2. Signaling

Das Signaling lehnt an an die Principal - Agent Theorie und dem "Market-for Lemon-Problem" an, indem der Principal im Nachteil ist, weil er weniger bzw. andere Informationen hat als der Agent über ein Produkt / Dienstleistung hat. Um Unsicherheiten dem Principal gegenüber zu verringern, muss der Agent Signale senden, welche die gute Qualität seines Produkts / Dienstleistung bestätigen. Bei genügend überzeugenden Signalen steigt die Wahrscheinlichkeit, das der Principal kauft.

Betrachtet man den Arbeitsmarkt und die Einstellung eines neuen Mitarbeiter in ein Unternehmen wird recht schnell klar, dass der Bewerber mehr Informationen dem Unternehmen gegenüber seiner Qualität als Arbeitskraft, Motivation und Produktivität hat.

Es gibt verschiedene Signale, die der Bewerber dem Unternehmern (Principal) vermitteln kann, wie zum Beispiel ein sicheres Auftreten und gepflegtes Erscheinungsbild, allerdings sind diese Signale nicht sehr aussagekräftig darüber, ob der Bewerber wirklich ein guter Mitarbeiter ist.

Ein erfolgreich abgeschlossenes Studium, welches über mehrere Jahre hinweg Leistungen einfordert und die Belastbarkeit, Lernbereitschaft und Kontinuität abverlangt ist ein sehr starkes Signal, dass die Qualität des Bewerbes positiv unterstreicht. Die Studiumsleistungen sind für einen Arbeitgeber, um die Produktivität und die Belastbarkeit eines Arbeitnehmer beurteilen zu können, ein starkes Signal. Das Studium muss einen gewissen Schwierigkeitsgrad aufweisen, dies wird in Form von Lernkosten im Folgenden dargestellt.

In Abbildung 3 wird veranschaulicht, dass die produktiveren Studenten weniger Kosten haben. Im Umkehrschluss sind die Studenten in einem Studium mit höheren Kosten meistens unproduktiver, wie in Abbildung 4 dargestellt.

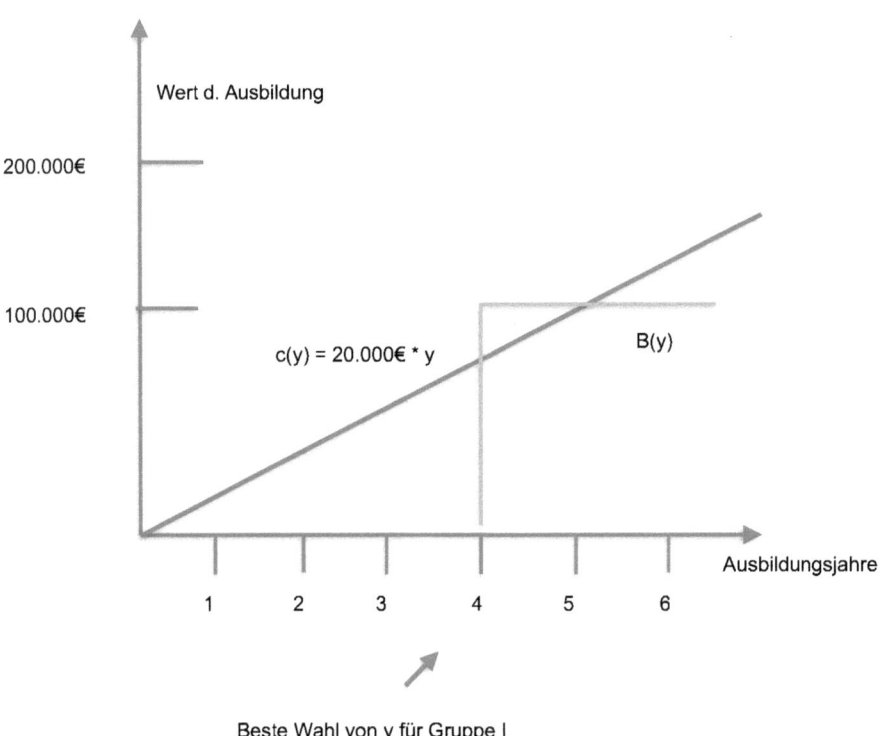

Abb. 3: Signal Lernkosten 1 (eigene Darstellung modifiziert nach Pindyck & Rubindfeld, 2013, S. 856

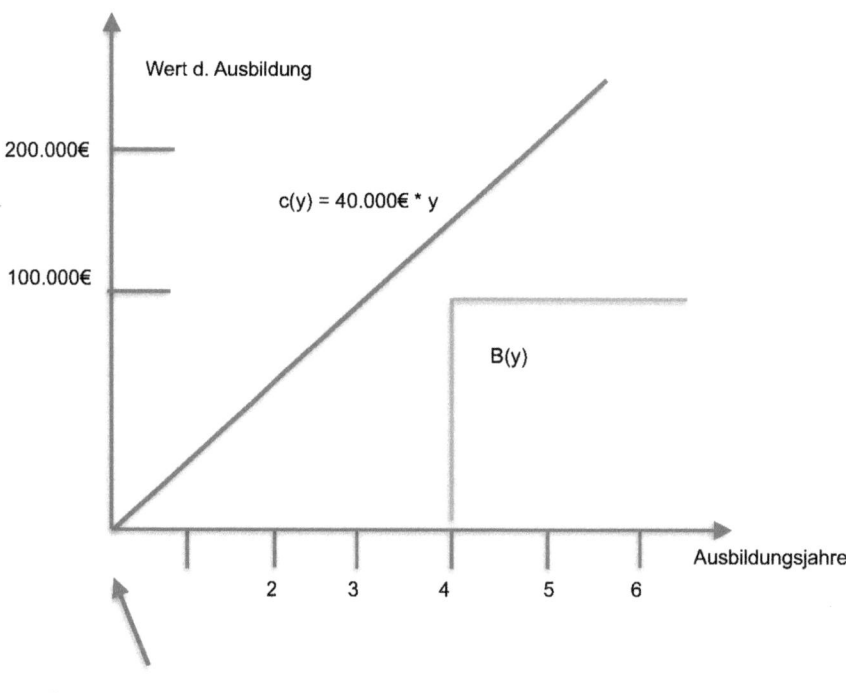

Abb. 4: Signal Lernkosten 2 (eigene Darstellung modifiziert nach Pindyck & Rubindfeld, 2005, S. 811)

3.3. Anwendung in der Praxis

Das Uno- Actu- Prinzip kommt bei Gesundheitsdienstleistungen zum Tragen, deshalb ist es für viele Anbieter schwieriger Dienstleistungen zu verkaufen. Aus diesem Grund spielt das Signaling eine wesentliche Rolle, weil der Kunde überzeugt werden muss. . Die Grundsätzliche Europäische Norm für Fitnessanlagen wird in DIN EN 17229 deklariert und gilt für alle öffentlichen Fitnessstudios.

Des Weiteren besteht in der Fitnessbranche die Möglichkeit sein Fitnessstudio vom Arbeitgeberverband deutscher Fitness- und Gesundheits- Anlage (DSSV) nach der DIN 33961 zertifizieren zu lassen. „So belegt eine neutrale und unabhängige Zertifizierung Studiobesitzern die Qualität ihres Angebots und macht diese Qualität sichtbar. Nicht nur den Kunden, sondern auch Kooperationspartnern. Die zertifizierte Qualität schafft hier natürlich Vertrauen." (DSSV, 2020). Die DIN 33961 ist in vier Bereiche unterteilt:

1. Anforderungen an das gerätegestützte Herz-Kreislauftraining (wie bspw. Geräteausstattung für Herz- und Kreislauftraining, Personalanforderungen)
2. Anforderungen an das Gruppentraining (wie bspw. Flächen für Angebote, Beleuchtung, Gehörschutz, Personalanforderungen)
3. Anforderungen an das gerätegestützte Krafttraining (wie bspw. Geräteausstattung für Krafttraining, Einsehbarkeit, Personalanforderungen)
4. Mit der Weiterentwicklung der DIN 33961, „Elektromyostimulationstraining" (EMS-Training) ist es auch als EMS-Anbieter möglich, auf den neutral und unabhängig nachgewiesenen Qualitätsnachweis zu setzen.

Ein nennenswertes Fitnessstudio ist das elbgym in Hamburg, welches nach DIN 33961 zertifiziert ist. Laut Wilhelm Schröter, dem Betreiber des Elbygym ist „Es ist der Beweis dafür, dass auch ernsthaftes, hartes Training qualitätsgesichert durchgeführt werden kann." Als weiteres Beispiel ist das Prime -Time Fitness ebenfalls aus Hamburg, welches die Zertifikation auch aus Marketingaspekten eingeholt hat und den Fokus auf die Betreuung von qualifizierten Mitarbeiten zu den gesamten Öffnungszeiten legt.

4. Wettbewerbsstrategien

Die dynamische Preisgestaltung bekommt in der Fitnessbranche eine bedeutsamere Rolle zugeschrieben und dient bereits bei Online Vertrieben als eine geeignete Strategie. Dabei wird der Preis abhängig von der Tageszeit gemacht und man kann zu bestimmten Uhrzeit als Konsument sparen. Das Ziel dahinter ist das Fitnessstudio zu den Zeiten, in denen es weniger Betrieb gibt, besser auszulasten und zu den bestbesuchten Zeiten, die Preise anzuheben, um die Grenzkosten zu decken.

Das Fitness Studio „Super Fit - Team Du" mit dem Standort in Berlin bietet neben den Mitgliedschaften „Standard Fit" und „Express Fit" eine „Smart Fit" - Mitgliedschaft an. Bei dieser Mitgliedschaft kannst du das Fitnessstudio nur von 00:00 - 16:00 Uhr nutzen, der Kunde spart bei dieser Mitgliedschaft mind. 10€ pro Monat. (Super Fit, 2020).

Das Super Fit hat 24 Stunden auf, daher ist diese Mitgliedschaft sehr sinnvoll, da der Großteil der Besucher zu den Stoßzeiten (nach der Arbeit) trainieren, können sie dort den Preis anheben.

Eine weiteres Beispiel ist die Holstein Therme in Bad Schwartau, die ebenfalls mit einem Frühtarif und einen Abendtarif über günstigere Konditionen versucht (Holstein Therme, 2020), die Anlage optimaler auszulasten.

In Abbildung 5 erkennt man die Nachfragehöhepunkte anhand der Nachfragekurve D1, dort wird zu den Stoßzeiten ein höherer Preis P1 verlangt. Für Superfit wären es die Uhrzeiten von 16 Uhr - 00 Uhr und für die Holstein Therme ab 11 - 19:30 Uhr, wo der höhere Preis verlangt würde. Der Smart Fit Tarif, sowie der Früh- und Abendtarif stellt in der Abbildung die niedrigere Nachfragekurve D2 mit dementsprechenden niedrigeren Preis dar.

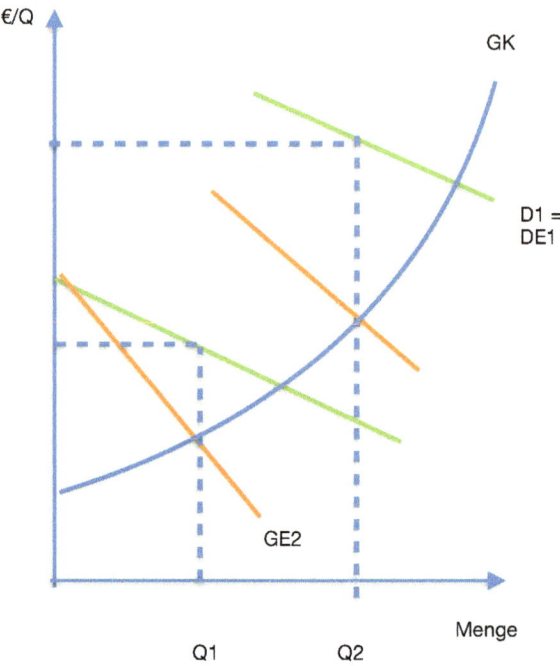

Abb. 5: Spitzenlast - Preisbildung (eigene Darstellung modifiziert nach Pindyck & Rubinfeld, 2013, S. 558)

5. Literaturverzeichnis

Deloitte (2019). *Wachstum in der Fitnessbranche.* . Zugriff am 2. März 2020.
Verfügbar unter https://www.sport-fachhandel.com/de,de/fachhandel/szene/de-
loitte-studie-bestaetigt-wachstum-in-der-fitnessbranche,article00011027.html

DSSV (2020). *DIN - EN 17229.* Zugriff am 2. März 2020. Verfügbar unter
https://www.dssv.de/qualitaet-din-en-din/din-en-17229/

DSSV (2020). *Elbgym.* Zugriff am 2. März 2020. Verfügbar unter
https://dssv.de/index.php?
eID=dumpFile&t=f&f=3999&token=63418b49a9d65e8825f00007c725ce79d3
2748b5

DSSV (2020). *Primetime Fitness.* Zugriff am 2. März 2020. Verfügbar unter
https://dssv.de/index.php?
eID=dumpFile&t=f&f=5494&token=223f2a749f24e6c2d37e1b2a9d9b72d3b85
c6233

Holstein Therme (2020). *Preise.* Zugriff am 2. März 2020. Verfügbar unter
https://holstein-therme.de/preise.php

Piekenbrock, D. (2018). *Preiselastizität.* Gabler Wirtschaftslexikon.
Verlag: Springer Gabler. . Zugriff am 2. März 2020. Verfügbar unter
https://wirtschaftslexikon.gabler.de/definition/preiselastizitaet-41923

Pindyck, R.S. & Rubinfeld, D.L. (2009). *Mikroökonomie* (7. Aufl.).
Verlag: Pearson Studium.

Pindyck, R.S. & Rubinfeld, D.L. (2013). *Mikroökonomie* (8. Aufl.).
Verlag: Pearson Studium.

Schlaffke, W. & Plünnecke, A. (2019). *Studienbrief Marketing und Vertrieb I.*
Saarbrücken: Deutsche Hochschule für Prävention und Gesundheitsmanagement.

Statistisches Bundesamt (2018). Ältere Menschen. . Zugriff am 2. März 2020.

    Verfügbar unter https://www.destatis.de/DE/Themen/Querschnitt/Demografi-
scher-Wandel/Aeltere-Menschen/bevoelkerung-ab-65-j.html

Stiglitz, J.E. & Walsh, C.E. (2010). *Mikroökonomie 1 zur Volkswirtschaftslehre.*

    (4. Auflage) Verlag: Oldenbourg.

Super Fit (2020). *Mitgliedschaften.* Zugriff am 2. März 2020. Verfügbar unter

    https://superfit.club/#tab-id-8

6.Abbildungs- und Tabellenverzeichnis

6.1.Abbildungsverzeichnis

Abb. 1: kurzfristige Änderung der Preisbildung und Gewinn

Abb. 2: Einfluss der Werbung auf die Nachfragekurve

Abb. 3: Signal Lernkosten 1

Abb. 4: Signal Lernkosten 2

Abb. 5: Spitzenlast - Preisbildung